Till Gött

Papierflieger

INHALT

VORWORT

Wie der Name schon besagt, Papier ist das Material, aus dem die hier vorgestellten Flieger gefertigt werden. Und da in fast allen Schulen der Welt Papier ein alltäglicher Gebrauchsgegenstand ist, dürften dort auch die meisten Papierflieger entstanden sein und entstehen.

Leonardo da Vinci hat allerdings, wie man weiß, erst in späteren Jahren mit dem Falten von Papierfliegern begonnen. Diese zeitliche Verzögerung läßt sich bei ihm sicherlich damit erklären, daß ihm während seiner Schulzeit nur Tafel und Griffel zur Verfügung gestanden haben dürften.

Wir hatten es da besser. In unserer Klasse gab es Flugzeugkonstrukteure von „höchsten Gnaden''. Leonardo hätte seine Freude an ihnen gehabt! Leider standen deren ingeniöse Leistungen meistens im umgekehrten Verhältnis zu ihren schulischen. Und da Papierfliegerentwerfen und -falten nicht im Lehrplan stand, sind diese Talente einfach untergegangen. Diesen Genies sei dieses Büchlein gewidmet. Gemacht wurde es aber auch für alle Kinder und Jugendlichen, denen der heutige Schulstreß keine Zeit mehr läßt für eigene langwierige Versuchsreihen in Sachen Papierflieger. Angesprochen werden aber auch jene Erwachsene, die ein Leistungstief gerne mit einem Höhenflug überbrücken möchten.

Diese Faltflieger-modelle werden auf den folgenden Seiten beschrieben

WERKZEUG UND MATERIAL

Das Foto gibt einen Überblick, was an Werkzeug und Material benötigt wird

In diesem Buch werden zwei grundverschiedene Arten von Papierfliegern vorgestellt. Zum einen die Faltflieger, die nur gefaltet und höchstens zur Verstärkung geklebt werden, zum andern die 5-Minuten-Flieger, die gefaltet, ausgeschnitten und geklebt werden. Für die Faltflieger brauchen wir kein Werkzeug, für die 5-Minuten-Flieger benötigen wir einfaches Werkzeug. Das findet sich aber in fast jeder Bastelecke oder ist für wenig Geld im Schreibwarengeschäft zu bekommen. Um beide Arten von Fliegern herzustellen, brauchen wir eine saubere, feste Unterlage (am besten ein großes Stück Graupappe) sowie Pattex transparent und eine gerade Schere. Klebestifte sind weniger geeignet, da man mit ihnen nicht so genau kleben kann. Für die Herstellung der 5-Minuten-Flieger werden noch ein Lineal, ein Schneidemesser und ein Falzbein gebraucht. Das Lineal kann ein einfaches Schullineal von 30—50 cm Länge sein, das Schneidemesser ein Teppichmesser. Besser ist aber der etwas kleinere Cutter mit Abbrechklingen. Wenn wir kein richtiges Falzbein auftreiben können, tut es auch eine Kugelschreibermine, die nicht mehr schreibt, eine stumpfe Stricknadel oder auch der Stiel von einem Kaffeelöffel. Für die 5-Minuten-Flieger ist zusätzlich eine kleine Flachzange nötig.

Für die Faltflieger benutzen wir Schreibpapier im Format DIN A4 mit einem Gewicht von 70—90 g/qm. Die 5-Minuten-Flieger werden aus Postkartenkarton oder starkem Zeichenkarton mit einem Gewicht von 150—190 g/qm hergestellt. Ohne Trimmgewicht fliegen die 5-Minuten-Flieger nicht! Als Trimmgewichte benutzen wir Spaltblei, das es in Geschäften für Anglerbedarf gibt. Aber Vorsicht mit den kleinen schwarzen Kügelchen! Blei ist sehr giftig! Es darf nicht verschluckt werden; nach der Arbeit mit Blei bitte gründlich die Hände waschen.

SYMBOLE UND ZEICHEN

Die folgenden Symbole vor den Arbeitsanleitungen zeigen auf einen Blick, welches Material und welche Werkzeuge wir für das jeweilige Modell benötigen. Die Symbole bedeuten im einzelnen:

Wichtige Informationen auf einen Blick

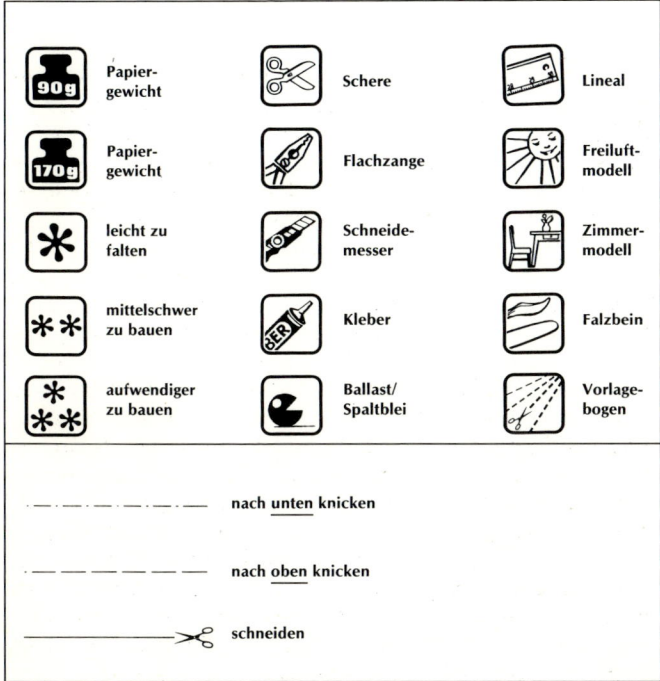

90 g Papiergewicht	Schere	Lineal
170 g Papiergewicht	Flachzange	Freiluftmodell
leicht zu falten	Schneidemesser	Zimmermodell
mittelschwer zu bauen	Kleber	Falzbein
aufwendiger zu bauen	Ballast/Spaltblei	Vorlagebogen

— · — · — · — nach unten knicken

— — — — — nach oben knicken

————✂ schneiden

SCHWALBE 1

Sie ist die Standardschwalbe, sozusagen das Grundmuster für alle Schulschwalben. Die Schwalben sind nicht zu verwechseln mit dem Pfeil (siehe Seite 10). Auch wenn der Pfeil etwas einfacher zu falten ist, fangen wir mit einer Schwalbe an, denn Schwalben fliegen fast immer recht gut und können sehr lange in der Luft bleiben. Wenn Rekorde im Dauerflug zu brechen sind, ist die Standardschwalbe das richtige Fluggerät. Schwalben sind gute Freiluftflieger, das heißt, sie sind flugstabil genug, um auch mit etwas Wind fertig zu werden.

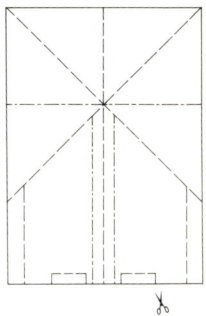

1. Linien nach der Zeichnung falten und die Grundfigur formen

2. Beide Ecken nach oben zur Spitze falten

Die Zeichnung verdeutlicht, welche Faltlinien für die Grundfigur notwendig sind. Die Vorlage für ein Papier im DIN-A5-Format befindet sich auf dem Vorlagebogen

3. Dann beide Ecken wieder nach unten falten

4. Die obere Spitze nun nach hinten knicken

5. Rechte Hälfte der Schwalbe auf linke Hälfte falten

6. Flieger auseinanderfalten, so daß 2 Flügel entstehen; Enden nach oben abkanten

7

SCHWALBE 2

Auch diese Schwalbe ist eine klassische Schulschwalbe. Sie sieht ein wenig altmodisch aus. In der Tat wurde sie von allen Schülern dieser Welt zur Auflockerung des Unterrichts benutzt, seit ihnen Papier zur Verfügung stand. Diese Schwalbe konnte mein Vater gut falten und es war auch der erste Papierflieger, dessen Faltung er mir, zunächst vergeblich, beizubringen versuchte. Gegenüber der Schwalbe 1 ist dieses Modell schneller und somit besser für den Kunstflug geeignet. Außerdem ist es ein guter Freiluftflieger.

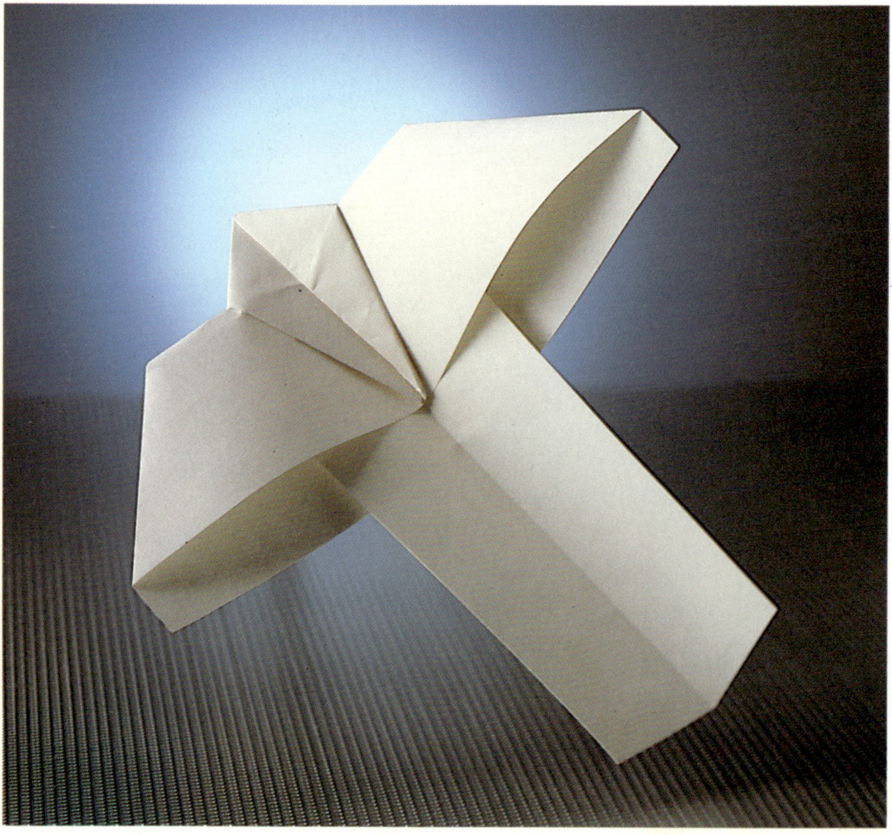

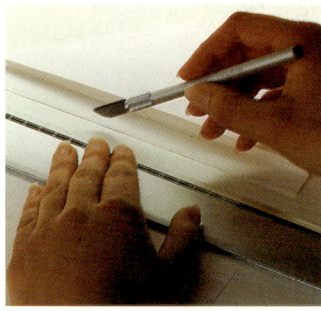
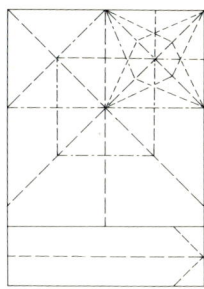

1. Grundform nach Zeichnung herstellen

2. Den hinteren Teil mit dem Schneidemesser abtrennen

Die Zeichnung erklärt die einzelnen Faltschritte zusätzlich

3. Ecken zur Spitze hin falten. Kanten von unten zur Mitte falten, öffnen und von oben zur Mitte falten. Wieder öffnen und 2 Ohren knicken

4. Aus dem abgetrennten Streifen den Rumpf falten. Zuerst entlang der Mittellinie falten, dann die Ecken einschlagen

5. Mittig den Rumpf in die Flügel einschieben

6. Spitze nach unten umknicken

PFEIL

Die Pfeile sind eine eigenständige Gruppe von Papierfliegern und fast alle recht einfach zu falten. Die Pfeile entstehen häufig, wenn ein ungeübter Flugzeugbauer nach bloßem Zusehen schnell eine Schwalbe nachzubauen versucht.

Pfeile sind die schnellsten Papierflieger, denn ihre Tragflächen sind klein und ihr Schwerpunkt liegt weit vorn. Deswegen sind sie auch keine besonders guten Segler. Wenn es aber darum geht, den Latein- oder Mathepauker oder ein anderes ausgewähltes Ziel blitzartig zu treffen, dann sind Pfeile unübertroffen!

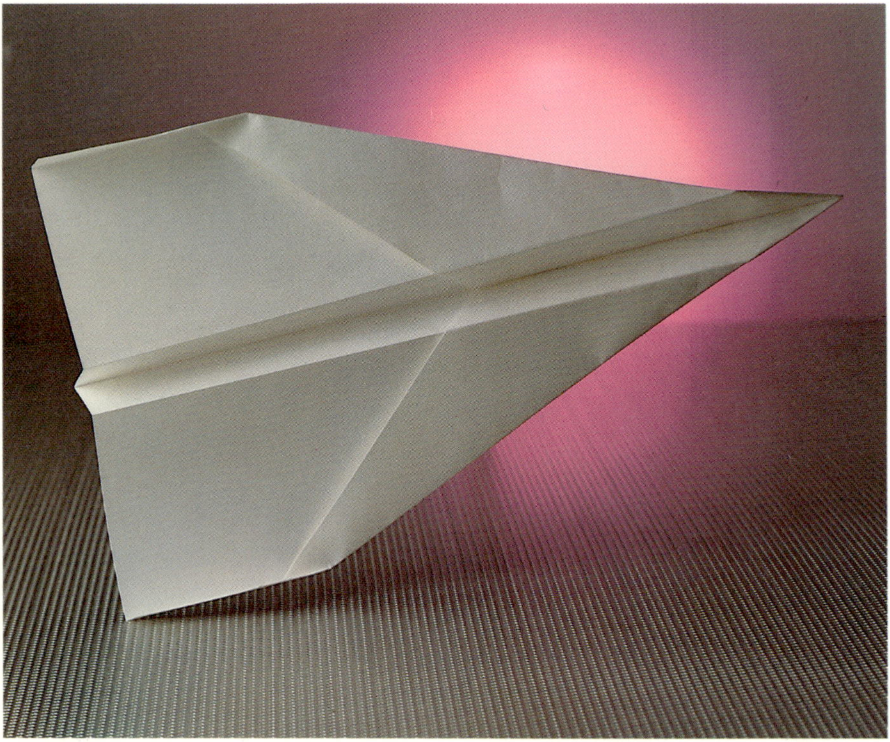

Der Pfeil ist einer der schnellsten Papierflieger

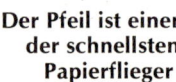

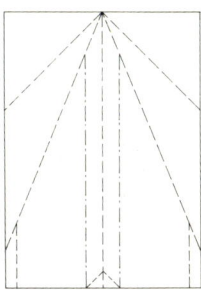

1. Blatt in der Mitte falten, beide Hälften nach außen knicken, so daß ein Rumpf entsteht

2. Von der Spitze aus die beiden oberen Ecken dann sorgfältig zur Mitte hin falten

Zusätzliche Informationen bietet die Zeichnung

3. Die so entstandenen Kanten des Dreiecks wieder zur Mitte hin falten

4. Flieger zusammenklappen und Flügel über dem Rumpf zurückfalten

Der Pfeil bekommt bessere Segeleigenschaften, wenn man eine Falte in das Heck knickt

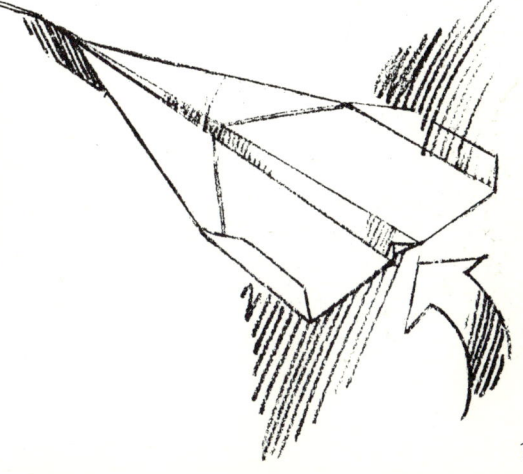

5. Flügelenden anschließend nach oben abkanten

LANGSTRECKENSEGLER

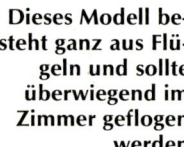 

Dieses Modell besteht ganz aus Flügeln und sollte überwiegend im Zimmer geflogen werden

Mit diesem Papierflieger ist F. J. Hooven, ein wichtiger Mann bei der Ford Motor Company, berühmt geworden. Er ging damit beim 1. Internationalen Papierflieger-Wettbewerb des Scientific American 1966/67 an den Start und gewann mit diesem Flieger in der Disziplin: Wer bleibt am längsten in der Luft?

Dieser Nurflügler ist ein ausgesprochenes Zimmermodell. Er kann sehr klein gefaltet werden, allerdings sollte man dann auch ein extrem leichtes Papier verwenden, zum Beispiel Zigarettenpapier. Das Modell ist zwar einfach zu falten, aber man muß sehr sorgfältig arbeiten. Tut man das, ist es ein Langstreckenflugzeug, das sehr anmutig dahinsegelt.

1. Rechte Hälfte des Blattes auf linke Hälfte falten

2. Wieder aufklappen und linke Seite zur Mitte falten

Die Zeichnung zeigt die verschiedenen Faltlinien

3. Linke Seite im gleichen Abstand nochmals zur Mitte hin falten

4. Eingeschlagene linke Blatthälfte entlang der Mittellinie auf rechte Hälfte umlegen

Damit der Flieger besser gehalten werden kann, diesen in der Mitte zusammenfalten und wieder aufklappen. Den Langstreckensegler faßt man zum Starten am besten wie hier gezeigt an

GLEITER

Den Gleiter muß man sehr genau falten, denn er verträgt keine „falschen Kniffe"

Auch dieser Flieger startete beim 1. Internationalen Papierflieger-Wettbewerb des Scientific American. Er wurde von I. R. Otte aus St. Louis, Missouri, an den Start gebracht. In die Kategorie der Langstreckensegler gehörend, ist er aber keine exklusive Erfindung von Mr. Otte, denn dieses Modell wurde schon in meiner Schulzeit von den begabteren Flugzeugkonstrukteuren gefaltet und geflogen. Aufgrund seiner leichten Bauweise ist dieser Papierflieger eigentlich ein Zimmermodell. Bei Windstille jedoch kann er in der Wärmethermik einer Hauswand unaufhaltsam steigen, um anschließend mit weichen Bewegungen zu Boden zu gleiten. Auch dieser Flieger verträgt keine falschen Kniffe und Knitterfalten und sollte sorgfältig behandelt werden.

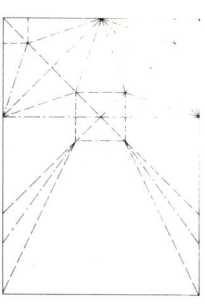

1. Grundform nach Zeichnung falten

2. Beide Dreiecke zur Mitte einschlagen

Die Zeichnung dient als zusätzliche Faltanweisung

3. Die Spitze an der entstandenen Kante vorsichtig nach innen falten

4. In die beiden Taschen der Spitze die Ecken der Dreiecke einschieben

5. Anschließend den Flieger umdrehen und beide Flügel nach innen falten

6. Innenliegende Hälfte der eingeschlagenen Flügel auf äußere Hälfte falten

CIRRUS

Cirrus hat Jack Botermans diesen Flieger genannt. Das Hochleistungssegelflugzeug Cirrus sah zwar ganz anders aus, aber Jack Botermans ist der Meinung, daß sein Cirrus ähnlich gute Flugeigenschaften besitzt. Auf jeden Fall ist dieser Papierflieger ein ausgezeichnetes Freiluftmodell. Seine Flugeigenschaften können wir gut beeinflussen, da er mit Trimmklappen ausgerüstet ist. Auch das freistehende T-Leitwerk erlaubt nachträgliche Trimmung. Mit dem Cirrus läßt sich gut experimentieren, denn durch die verschiedenen Trimmöglichkeiten lassen sich komplizierte Flugfiguren, wie Rolle, Looping oder Spiralsturz, durchführen.

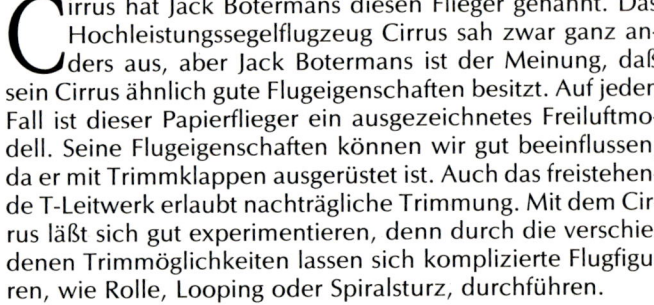

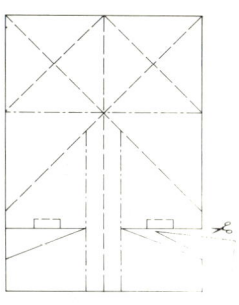

1. Grundform (der Schwalbe) nach Zeichnung herstellen

2. Dann die Ecken zur Mitte hin falten

Zusätzliche Informationen bietet die Zeichnung

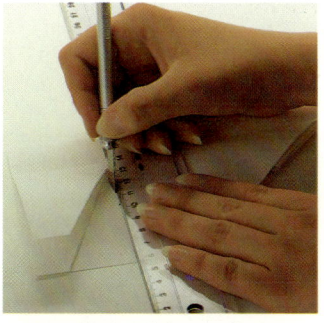

3. Längslinien falten, Flieger zusammenlegen und ausschneiden

4. Anschließend die Flügel falten und die Kanten für das Heck abknicken

So hart zu werfen ist falsch! Papierflieger müssen mit Gefühl in die Luft „geschoben" werden

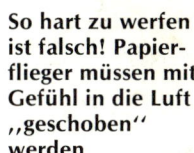

5. Seitenleitwerk mit wenig Pattex transparent zusammenkleben

5-MINUTEN-FLIEGER

Die gezeigten Modelle lassen sich in 5 Minuten erstellen

Nun kommen wir zu einer besonderen Sorte Papierflieger, den 5-Minuten-Fliegern. 5-Minuten-Flieger heißen sie allerdings nicht, weil sie fünf Minuten lang fliegen können — das schafft meines Wissens nach kein Papierflieger. Aber ich habe sie so getauft, weil man alle Modelle in etwa fünf Minuten nachbauen kann. Diese 5-Minuten-Flieger sind richtige kleine Flugzeuge und funktionieren nach den gleichen aerodynamischen Gesetzen wie ihre großen Vorbilder. Allerdings haben die Modelle mit der Silhouette eines Motorflugzeugs natürlich keinen Motor. Der Vortrieb erfolgt, wie bei allen Segelflugzeugen, durch das Gewicht an der Spitze des Flugzeugs. Das Gewicht, das den Vogel vorne herunterziehen will, und der Auftrieb der Tragflächen gleichen sich im Idealfall annähernd aus, so daß das Flugzeug in einem langen Gleitflug zu Boden segelt. Auch die richtigen Segelflugzeuge kämen im Gleitflug zur Erde zurück, wenn nicht die Piloten durch geschickte Ausnutzung der Thermik immer wieder an Höhe gewännen. In unseren 5-Minuten-Fliegern sitzen aber keine Piloten, so daß ein Steigen des Flugzeugs eher Zufall ist, wenn es zum Beispiel eine Warmluftströmung an einer sonnigen Hauswand oder an einer Heizung erwischt.

Im Freien fliegen unsere 5-Minuten-Flieger allerdings nur bei absoluter Windstille — für andere Windverhältnisse sind sie einfach zu klein und zu empfindlich. In einem weitläufigen Treppenhaus oder in einer Turnhalle von einem erhöhten Platz gestartet, fliegen sie jedoch sehr anmutig und wirklichkeitstreu.

Mich fasziniert immer wieder die Landung: Meistens landen die 5-Minuten-Flieger ganz sauber auf ihrem Fahrgestell und bleiben sogar darauf stehen! Es versteht sich allerdings, daß die reinen Segelflugzeuge, die ja auch in der Wirklichkeit nur ein kleines Rollrad oder eine Landekufe haben, sich dann auf einem Flügel niederlassen.

Im Gegensatz zu den Faltfliegern kann man die 5-Minuten-Flieger abwandeln und eigene Konstruktionen entwerfen. Man kann den Fliegern die Form bekannter Flugzeuge geben oder versuchen, das Flugbild eines Vogels nachzuahmen. Auch die Größe der 5-Minuten-Flieger läßt sich variieren, solange das Verhältnis zwischen Papierstärke und Größe des Modells stimmt.

Die 5-Minuten-Flieger sehen wie richtige kleine Flugzeuge aus. Damit sie aber auch optimal fliegen, hier einige Hinweise, die beim Bau beachtet werden sollten.

Fünf Tips zum Bau aller 5-Minuten-Flieger

1. Wichtig ist die Symmetrie; deswegen müssen wir die Umrisse immer aus dem doppelt gefalteten Papier schneiden!

2. Die Falze für die Knicke und die Flügelwölbungen müssen auf der Vorderseite und auf der Rückseite des doppelt gelegten Papiers ausgeführt werden.

3. Die Wölbung der Flügel kann man gut über einer Tischkante biegen. Gewölbt werden übrigens nur die Tragflügel, nicht das Höhenleitwerk.

4. Die Flügelstellung der Flieger sollte man mit einem Strang Klebstoff fixieren (siehe auch Seite 25).

5. Mit dem Ballast muß man etwas experimentieren. Wenn man herausgefunden hat, mit welcher Größe Spaltblei das Modell am besten fliegt, wird es endgültig festgeklebt.

OLDTIMER-SEGELFLUGZEUG

Segelflugzeuge dieser Art stammen aus den dreißiger Jahren, wurden aber bis in die fünfziger Jahre gebaut und geflogen. Aus Sperrholz und Stoff gearbeitet, wurden sie meistens in Eigenleistung hergestellt. Vor dem ersten Start hatte ein Flugschüler von damals erst mal eine Menge Spanten zu sägen! Die Flugeigenschaften dieser Flugzeuge waren gutmütig, und doch waren sie für den Kunstflug tauglich, wie Wolf Hirth mit dem „Grunaubaby" auf vielen Veranstaltungen bewies. Auch heute noch finden sich in den Flugzeughangars kleiner Aeroclubs liebevoll gepflegte Exemplare, die zur Schulung eingesetzt oder auf Oldtimertreffen geflogen werden. Wer weiß, vielleicht findet man auch einmal die kleinen Papierflieger in Ihrer Nachbarschaft.

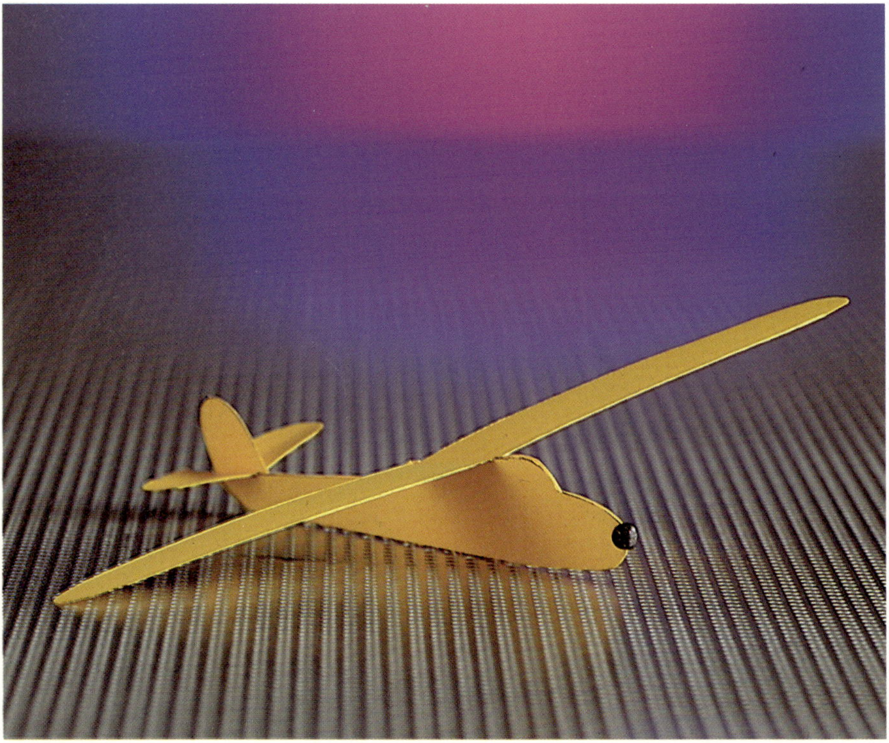

1. Mit dem Falzbein alle gestrichelten Linien eindrücken

2. Entlang der geschlossenen Linien alles ausschneiden

3. Rumpf zusammenkleben, Seitenleitwerk nicht vergessen

4. Flügel vorsichtig am Falz wölben

Wenn das Modell fertig getrimmt ist, fixiert man die Flügelstellung mit einem Strang Klebstoff

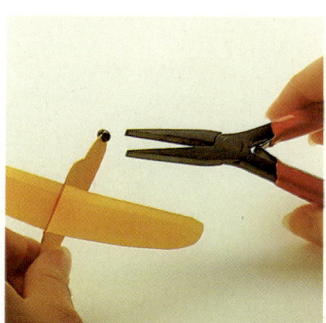

5. Ballast anklemmen. Erst nach Probeflug festkleben

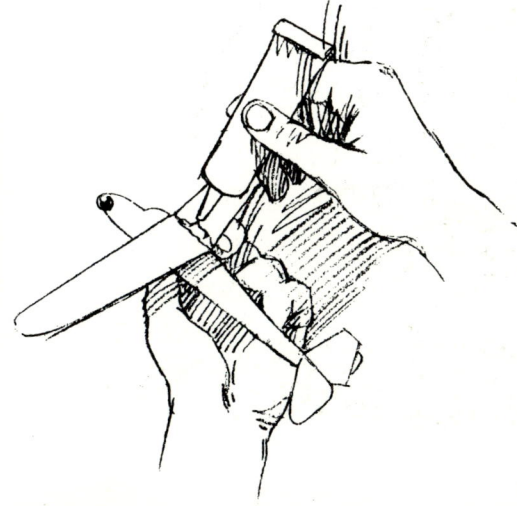

ORCHIDEE

Zu allen Zeiten des Segelflugsports nannte man die supereleganten Hochleistungsmaschinen „Orchidee", ganz gleich, ob es sich dabei um einen Holzleichtbau der frühen Jahre oder um eine hypermoderne Kohlefaserkonstruktion handelte. Bei allen Zuschauern machte sich leichte Unruhe bemerkbar, wenn so ein ästhetisches Wunderwerk der Technik zur Landung ansetzte. Dann stand man stundenlang um den schönen Vogel herum und konnte sich nicht sattsehen. Technische Fragen wurden nur im Flüsterton hervorgebracht, und jeder Segelflieger wünschte sich nichts sehnlicher, als einmal nur die Orchidee zu fliegen!
Auch unserem Flieger mit seinen gestreckten Linien sieht man das Hochleistungsflugzeug an. Wenn es ordentlich gebaut ist, gleitet es majestätisch dahin und zeigt seine Klasse in langen Flügen mit flachem Gleitwinkel.

1. Mit dem Falzbein alle gestrichelten Linien eindrücken, auch von der Rückseite her

2. Entlang der geschlossenen Linien alles ausschneiden. Untere Rumpflinie erst nach dem Kleben schneiden

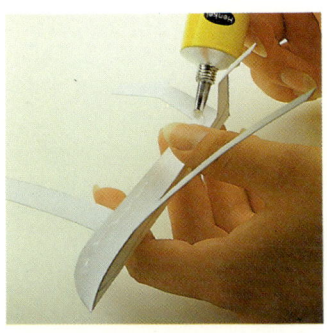

3. Rumpf mit Pattex transparent zusammenkleben

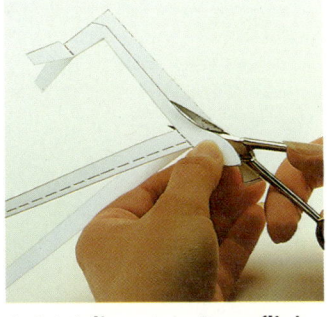

4. Jetzt die untere Rumpflinie schneiden

Mit kritischen Blicken die Symmetrie prüfen

5. Flügel wölben und Ballast anbringen

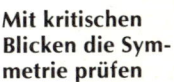

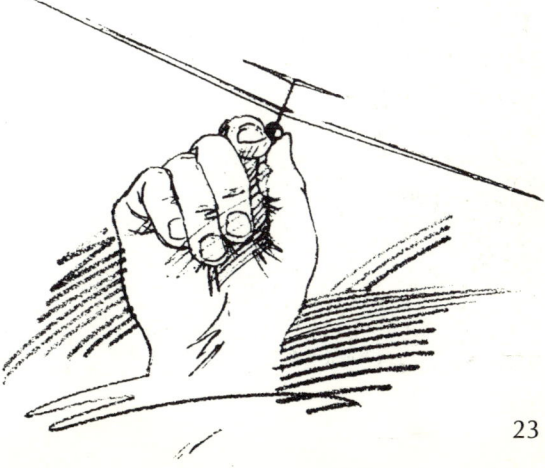

CESSNA

Die Cessna gehört sicher zu den bekanntesten Sportflugzeugen überhaupt. Auf der ganzen Welt wird sie geflogen, und zwar nicht nur im Sportbetrieb, sondern auch im leichten Frachteinsatz in entlegene Gebiete. Sie startet und landet auf Dschungel- oder Wüstenpisten ebenso wie in Alaska. Ein echtes Allroundflugzeug also. Das Fahrwerk kann mit Landeskiern für Schnee oder mit Schwimmpontons für Wasserlandungen ausgerüstet werden. Größere Cessnas haben stärkere Motoren und Druckkabinen, so daß sie auch in Höhen über 10 000 Fuß operieren können. Es gibt sogar eine Cessna mit zwei Motoren und Einziehfahrwerk. Charakteristisch für die meisten Cessnas sind jedoch die dünnen, gebogenen „Beinchen" des Fahrwerks.
Unsere Cessna hat ein stabiles Fahrwerk mit Schwimmpontons, auf dem sie sicher landet. Andere Cessna-Varianten baut der erfahrene Papierflugzeugbauer nach Bildern oder aus der Erinnerung.

Mit etwas Erfahrung können andere Cessna-Varianten nach Bildern nachgebaut werden

1. Mit dem Falzbein die gestrichelten Linien eindrücken

2. Alles entlang der geschlossenen Linien ausschneiden bis auf Schwimmer an Falz

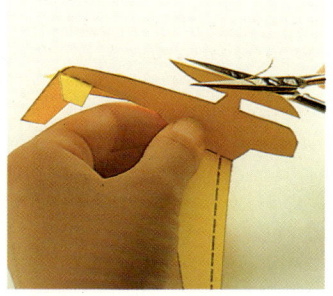

3. Rumpf zusammenkleben. Schwimmer nicht kleben! Seitenleitwerk zwischen Höhenleitwerk kleben

4. Schwimmer durchschneiden und den Flieger in Form bringen

5. Flügelprofil vorsichtig biegen, Ballast anbringen und nach Probeflug festkleben

6. Ist die Flügelstellung in Ordnung, mit Pattex transparent fixieren

DRACHEN

     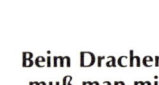

An den Wochenenden sieht man immer häufiger Drachenflieger, die man auch als Hängegleiter bezeichnen kann. Sie wirken wie zerbrechliches Spielzeug — und sind es eigentlich auch. Sie reagieren empfindlich auf Wind, und ihre Flugstabilität läßt, im Vergleich zu den Segelflugzeugen, zu wünschen übrig. Ein aufregendes Hobby mag es schon sein, diese Dinger zu fliegen, aber es ist etwas für risikofreudige Abenteurer! Angefangen hat alles mit einem Deltagleiter, den ein gewisser Mr. Rogallo als Flugrettungsgerät entwickelt hat. Mit so einem Gleiter sollten sich über feindlichem Gebiet abgeschossene Piloten bis hinter die eigenen Linien retten können. Dieses System kam aber nie zum Einsatz. Jahre später hat sich dann die Hobbyindustrie dieses Fluggerätes angenommen.

Die Entwicklung ist nicht beim Deltagleiter stehengeblieben, und heute haben die Drachen richtige Flügel, teilweise sogar kleine Motoren und Leitwerke.

Als Papierflieger ist der Hängegleiter etwas problematisch. Er braucht viel Ballast, und man muß mit ihm experimentieren.

Beim Drachen muß man mit Ballast experimentieren

26

1. Mit dem Falzbein alle gestrichelten Linien eindrücken

2. Entlang der durchgehenden Linien alles ausschneiden

3. Figur und Streben zusammenkleben

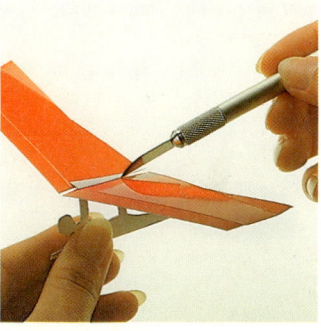

4. Verstärkung auf die Naht zwischen den Flügeln kleben

Die Flügelhinterkanten falten wir beim Drachen etwas nach oben

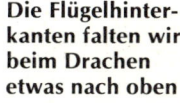

5. Die Flügel leicht wölben und dann den Ballast anklemmen

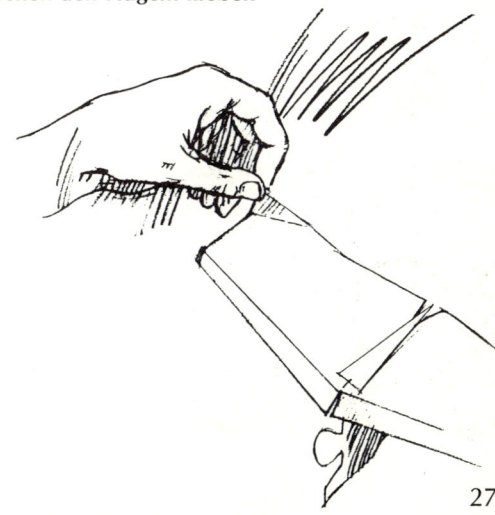

DOPPELDECKER

Das ist sicher das attraktivste Modell in unserer Samm-
lung. Und es fliegt nicht schlecht! Es wackelt gern etwas mit den Tragflächen und tut auch schon mal einen
Hupfer bei der Landung. Das hat unser Papierdoppeldecker
durchaus mit seinen großen Vorbildern gemein. Spätere
Baumuster, wie zum Beispiel die „Tiger Moth" (Tiger-
Motte), waren echte Luftakrobaten, mit denen man alle im
Kunstflug vorkommenden Figuren fliegen konnte, und die
dann sicher landeten, wenn auch mit besagten Hupfern. Ich
selbst bin einige Male in einer Tiger Moth mitgeflogen: Es ist
schon toll, wenn der Fahrtwind in der Verspannung heult
oder der Motor kurz aussetzt, wenn man bei einem Looping
kopfsteht. Der Motor läuft dann knatternd und knallend wieder an, sobald das Flugzeug eine normale Fluglage erreicht
und wieder Sprit in den Vergaser läuft.

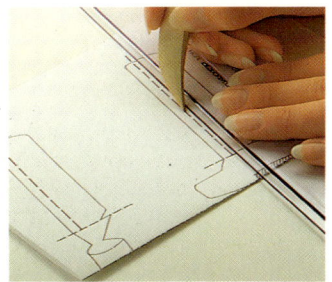

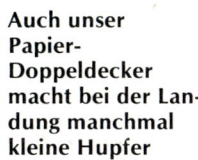

Auch unser Papier-Doppeldecker macht bei der Landung manchmal kleine Hupfer

1. Gestrichelte Linien mit dem Falzbein eindrücken. Auch auf der Rückseite den Arbeitsschritt wiederholen

2. Entlang der geschlossenen Linien ausschneiden. Falzwerk am Grundfalz noch zusammenlassen

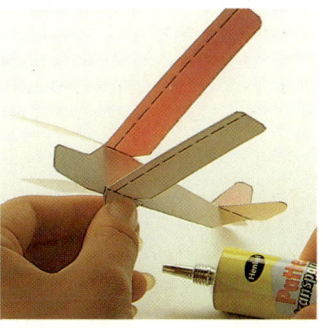

3. Rumpf zusammenkleben. Seitenleitwerk nicht vergessen! Unteres Flügelpaar an den Rumpf kleben.

4. Pattex transparent nur auf die schraffierte Fläche auftragen, auch auf der Rückseite Klebevorgang wiederholen

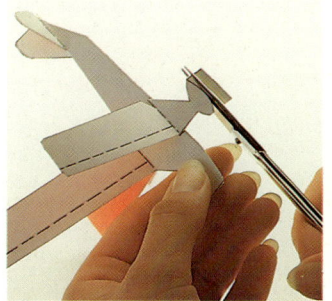
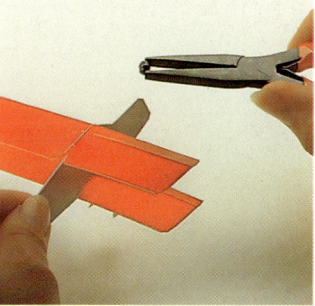

5. Jetzt untere Linie am Falzwerk abschneiden

6. Flügel wölben, Modell in Form bringen und Ballast anbringen

KLEINE FLUGSTUNDE

In bezug auf Start- und Flugtechnik unterscheiden sich die Faltflieger von den 5-Minuten-Fliegern nur unwesentlich. Die Faltflieger können etwas stärker „geworfen" werden. Die 5-Minuten-Flieger dagegen sollten mit einer weichen Bewegung in die Luft „geschoben" werden. Der beste Platz zum Trimmen der Flieger ist ein großer Raum oder eine stille Ecke des Gartens. Vorsicht aber vor einer Landung im nassen Gras! Die Flieger verziehen sich sofort und sind meistens nicht mehr zu retten. Ziemlich sinnlos ist es auch, die Modelle aus dem Fenster zu starten: Der Aufwind und die Turbulenzen an einer Hauswand sind meist so stark, daß das Flugverhalten unserer Flieger total verfälscht wird.

Start frei zur ersten Platzrunde! Der Papierflieger muß geradeaus fliegen. Das erreichen wir durch absolute Symmetrie. Die prüfen wir, indem wir den Flieger noch einmal genau von vorne und hinten überprüfen. Abweichungen können wir vorsichtig korrigieren.

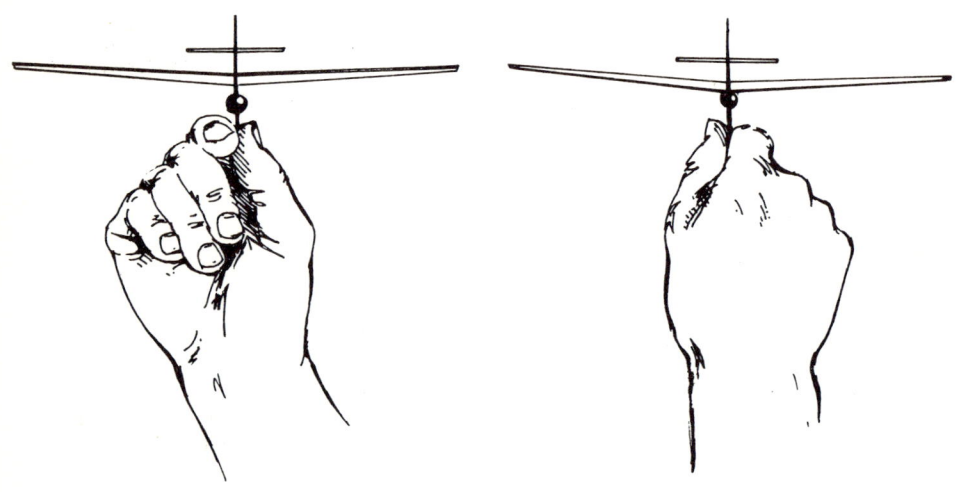

Der ideale Gleitflug soll ganz gleichmäßig und vom Start
bis zur Landung in der gleichen Fluglage erfolgen.
Ganz leicht darf die Linie durchhän-
gen; das ergibt schönere Landungen.

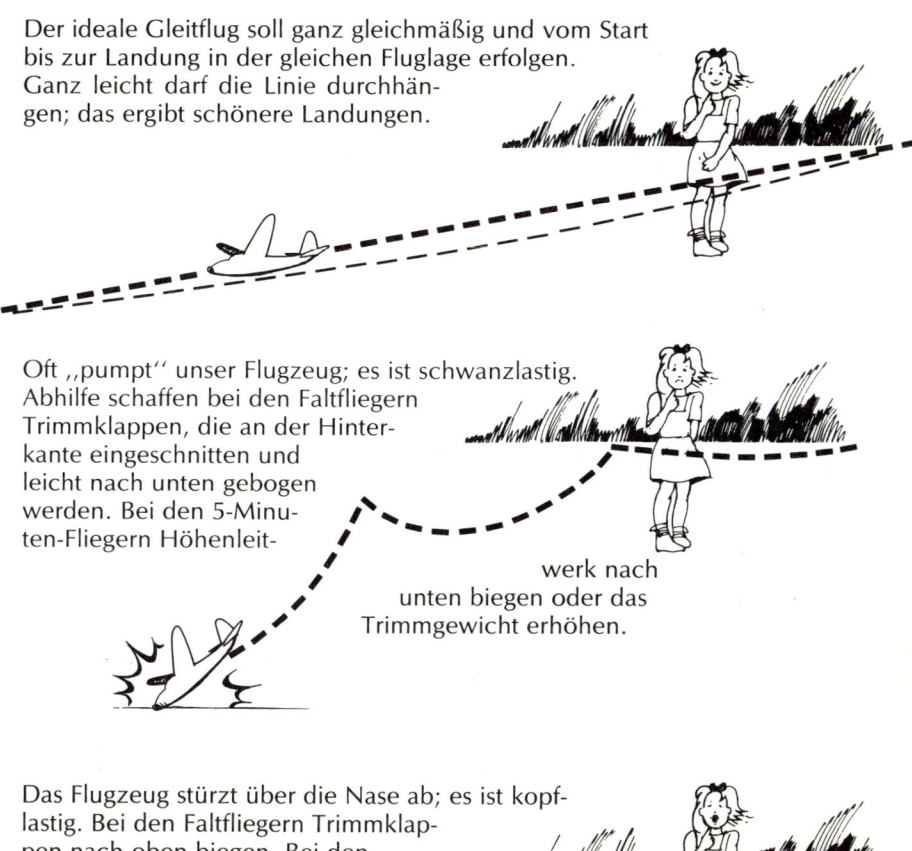

Oft „pumpt" unser Flugzeug; es ist schwanzlastig.
Abhilfe schaffen bei den Faltfliegern
Trimmklappen, die an der Hinter-
kante eingeschnitten und
leicht nach unten gebogen
werden. Bei den 5-Minu-
ten-Fliegern Höhenleit-
werk nach
unten biegen oder das
Trimmgewicht erhöhen.

Das Flugzeug stürzt über die Nase ab; es ist kopf-
lastig. Bei den Faltfliegern Trimmklappen nach oben biegen. Bei den
5-Minuten-Fliegern Höhenleitwerk nach oben biegen
oder nächstkleine-
res Trimmgewicht
testen.

Dann gibt es noch den Spiralsturz. Wahrscheinlich ist das
Modell stark asymmetrisch vertrimmt. Fehler suchen und
den Vogel geradebiegen. Wenn das nicht hilft, neu und sorg-
fältiger bauen!

**Havaristen gehö-
ren in den Papier-
korb!**

Einige im FALKEN Verlag in der Reihe „Schönes Hobby" erschienene Titel:
„Seidenmalerei Kissen" (Nr. 5151)
„Seidenmalerei Tücher und Schals" (Nr. 5152)
„Seidenmalerei Landschaften" (Nr. 5153)
„Seidenmalerei Lampenschirme" (Nr. 5154)
„Masken" (Nr. 5155)
„Drachen" (Nr. 5156)
„Fensterbilder" (Nr. 5158)
„Teddybären" (Nr. 5159)
„Tiffany-Gürtelschnallen" (Nr. 5160)
„Basteleien für Weihnachten" (Nr. 5162)
„Meine Weihnachtsbackstube" (Nr. 5163)
„Basteln für Ostern" (Nr. 5164)
„Modeschmuck mit Federn und Straß" (Nr. 5167)
„Fensterbilder in Tiffany-Technik" (Nr. 5168)
„Fensterbilder in Scherenschnitt" (Nr. 5169)
„Schachteln basteln und dekorieren" (Nr. 5170)

ISBN 3 8068 5157 3

© 1993 by Falken-Verlag GmbH, 65527 Niedernhausen/Ts.
Die Verwertung der Texte und Bilder, auch auszugsweise, ist ohne Zustimmung des Verlags urheberrechtswidrig und strafbar. Dies gilt auch für Vervielfältigungen, Übersetzungen, Mikroverfilmung und für die Verarbeitung mit elektronischen Systemen.
Titelbild und Fotos: Photo-Design-Studio Gerhard Burock, Wiesbaden-Naurod
Zeichnungen und Vorlagebogen: Till Gött, Bad Kreuznach
Layout: Design Christiane Rauert, Dortmund
Die Ratschläge in diesem Buch sind vom Autor und vom Verlag sorgfältig erwogen und geprüft, dennoch kann eine Garantie nicht übernommen werden. Eine Haftung des Autors bzw. des Verlages und seiner Beauftragten für Personen-, Sach- und Vermögensschäden ist ausgeschlossen.
Satz: Dinges + Frick, Wiesbaden
Druck: U. E. Sebald GmbH, Nürnberg

025157 88X817 2635